안용환 제2시집

# 넋두리

안 용 환

### [작가의 말]

## 책을 내면서

안 용 환

팔십 해의 세월을 강물처럼 흘려
기쁨과 슬픔, 웃음과 눈물이 겹겹이 쌓인
삶의 자취를 깊이 새긴 길이었습니다.
살아내기 위해 앞만 보고 달려오던 나날들
그 속에서 때로는 흔들리고, 때로는 넘어지며
저만의 애환을 품어왔습니다.

이제 걸음을 잠시 멈추고
그동안 흘려보낸 작은 낙서와 같은
기록 들을 모아
한 권의 책으로 엮어 보려 합니다.

이 책을 발간 함에 있어 무엇보다 조상과
부모님의 가르침이 큰 뿌리였음을
고백합니다.

이 책은 화려한 기록이 아니라
한 인간이 지나온 생의 파편들을
조용히 붙잡아 둔 흔적입니다.

비록 서툴고 부족한 글들이지만
저의 지난 삶을 비추는 작은 거울이자
앞으로의 날들을 다짐하는
흔적이 되기를 바랍니다.

이 책이 제게는 지나온 길을 정리하는
마음의 쉼표라면
읽는 이에게는 삶을 되새기는 작은 울림이
되기를 소망합니다.

이제 남은 길은
조금 더 느긋하게
바람과 구름처럼 흘러가고 싶습니다.

끝으로, 책의 발간을 위해 애써 주신
모든 분들께 깊은 감사의 뜻을 전 합니다.

# 목차

작가의 말 _ 책을 내면서 _____ 3

## 제1부 _ 감사의 마음 _____ 13

감사의 마음 _____ 14
구름 위의 삶 _____ 15
꿀벌 _____ 16
꿀벌보다 못한 나 _____ 17
나는 누구인가 _____ 18
마이너스 3% _____ 19
만대항 꽃길 _____ 20
무작정 떠난 길 _____ 21
물빛 공원 _____ 22
물빛공원에서 _____ 23
밤 _____ 24
사간공 묘소에 오르면 _____ 25
기다린 계절 _____ 27
세월의 흔적 1 _____ 28
세월의 흔적 2 _____ 29
세월의 흔적 3 _____ 30
순암 선생님 묘소길 _____ 31
순암 선생의 묘역을 오르는 길 _ 32
순암 선생의 묘역을 찾아서 ____ 34
순암홀에 바치는 길 _____ 36

**목차**

## 제2부 _ 가을을 가르는 별 _____ 37

가을을 가르는 별 _____ 38
떠남의 계절 _____ 39
머무는 길 위에서 _____ 40
봄꽃 마을 _____ 41
붉게 물드는 대추 _____ 42
사랑의 마침표 _____ 43
살맛은 내 몫이다 _____ 44
삶의 길 _____ 45
삼길포에서 _____ 46
세월 나그네 _____ 48
순암 선생님 묘소길 _____ 49
詩 속의 나 _____ 50
식탁 위의 행복 _____ 51
아침에 커피 한잔 _____ 52
옥수수 _____ 53
장독대와 연탄불 _____ 54
전어 _____ 55
태안 만대항의 길 _____ 56
풀잎의 이슬 _____ 57
황금 들녘 _____ 58

## 목차

### 제3부 _ 가루실 어죽 _____ 59

가루실 어죽 _____ 60
감사와 사랑 _____ 61
국가관 _____ 62
귀찮은 손님 _____ 63
길 위의 풍경 _____ 64
돈과 권력 너머 _____ 65
들녘에 모기 _____ 66
마음과 몸 _____ 67
마음의 목욕 _____ 68
멈추지 않는 길 _____ 69
밭에서 모기와의 전쟁 _ 70
밭에서 _____ 71
브레이크 없는 길 _____ 72
오늘의 애국 _____ 73
인생의 환승역 _____ 74
잘 살아다오 _____ 75
종착역 없는 열차 _____ 76
지워 버리고 싶은 기억 _ 77
짠한 길 위에서 _____ 78
파도 속에서 _____ 79

## 목차

### 제4부 _ 가로등에 기대어 1 _____ 81

| | |
|---|---|
| 가로등에 기대어 1 | 82 |
| 가로등에 기대어 2 | 84 |
| 겨울 호수가에서 | 86 |
| 미안합니다 | 87 |
| 동백꽃 사랑 | 89 |
| 로봇이 서빙하는 식당에서 | 90 |
| 메주 | 91 |
| 밤하늘 | 92 |
| 벌초를 하면서 | 93 |
| 보랏빛 나팔꽃 | 94 |
| 붉은 노을 | 95 |
| 비어있는 집 | 96 |
| 선조님을 기리며 | 97 |
| 송이 향기 | 99 |
| 신작로 | 100 |
| 여명의 눈동자 1 | 101 |
| 여명의 눈동자 2 | 103 |
| 이택재에서 | 104 |
| 이택재의 淸氣 | 105 |
| 효성과 청념의 길_(광양군)안황을 기리며 _ | 106 |

# 목차

## 제5부 _ 5일 장터 _____ 109

5일 장터 _____ 110
가로수는 말이 없다 ____ 112
가을 향 _____ 114
감춰진 사랑 _____ 115
겨울 곶감 _____ 117
내 마음의 쉼표 _____ 118
담배 연기의 사랑 _____ 119
라일락 향기 _____ 120
미련 _____ 121
살다 보면 _____ 122
시월의 산야 _____ 124
옹달샘 _____ 125
원망스런 나 _____ 126
이별의 흔적 _____ 127
인생의 후반전 _____ 128
장미와 입맞춤 1 _____ 129
장미와 입맞춤 2 _____ 130
졸음 _____ 131
창가의 추억 _____ 132
황혼 _____ 133

# 목차

## 제6부 _ 검정 고무신 _____ 135

검정 고무신 _____ 136
그대의 밝은 미소 _____ 137
나들이 _____ 138
낙엽을 밟으며 _____ 139
낙엽의 편지 _____ 140
남은 길 _____ 141
내 마음의 색깔 _____ 142
내 속에 자리한 겨울 _____ 143
마음의 등불 _____ 144
바람의 노래 _____ 145
빈 의자 _____ 146
사랑의 손길 _____ 147
새싹의 속삭임 _____ 149
세월의 거울 _____ 150
쌀독 긁는 소리 _____ 151
어시장 _____ 152
오늘의 나 _____ 153
조용한 발걸음 _____ 154
한숨과 미소 _____ 155
흐르는 강물처럼 _____ 156

## 목차

### 제7부 _ 고마움의 마음 _____ 157

고마움의 마음 _____ 158
눈길의 고요 _____ 159
마음의 청소 _____ 160
복원된 원주 관아 _____ 162
불꽃보다 뜨거운 마음 _____ 163
비문을 찾아서 _____ 164
새싹이 돋는 방 _____ 165
선조님의 숨결을 찾아 _____ 167
순암 선생의 자취를 찾아서 _____ 168
원주 관아에서 _____ 170
지나간 날들 _____ 171
청백리 후손으로 _____ 172
하회마을과 텃골의 숨결 _____ 174

넋
두
리

안 용 환

# 제1부

# 감사의 마음

## 감사의 마음

광주가 품은 실학의 정신
순암 안정복 선생의 길을
신문 지면에 밝혀 주시어
오늘을 사는 우리 마음에도
빛을 주셨습니다

시청 내에 "순암홀"을 세워
선생의 숨결과 학문을
누구나 마주할 수 있도록
길을 내어주신
시장님과 관계자님께 머리 숙여
감사드립니다

한 걸음 한 걸음 걸을 때마다
선생의 뜻과 정신이 우리를 품고
그 길 위에서 오늘의 광주가
시장님의 의식이 있기에
조용히, 그러나 확실히 이어지고 있음을
느낍니다

## 구름 위의 삶

비행기 창 넘어
햇살 먹음은 구름은
오색의 빛을 품어
끝없는 꿈을 안고 펼쳐진다

그 위에 있노라면
바람조차 부드러운 음악이 되고
하늘빛에 스친 마음은
한순간 신선이 된 듯 자유롭다

지상의 무거움을 잊히고
빛과 구름 사이에 깃든 영혼은
더없이 맑고 투명해져
저곳에 머물고 싶다
끝없는 뭉게구름의 집에서

## 꿀벌

쉬지 않고 일했건만
남은 건 잃어버린 것뿐

꿀벌은 세상에 달콤함을 남겨
행복과 기쁨을 많은 이들에게
선물하지만

내 삶은 무엇을 남겼는가

부끄러움만
가슴에 맴돈다

## 꿀벌보다 못한 나

한 해를 쉬지 않고
땀 흘려 일했건만
남은 것은 잃어버린 것뿐

원망도, 후회도 없이
또다시 부지런히 살아왔으나
돌아보면 부끄럽다

꿀벌은 작은 날개로
사람들에게 영양을 주건만
내 삶은 무엇을 남겼는가

허공에 흩어진 수고처럼
빈 두 손을 바라보며
오늘도 나를 꾸짖는다

## 나는 누구인가

흔들리는 바람 속 한 줄기 갈대
그러나 꺾이지 않고 오늘도 서 있는 존재

세상은 나를 잊을지라도
내가 걸어온 발자취는
누군가의 길이 된다.

가치란 금빛 훈장이 아니라
쓰러져도 다시 일어난 날들의 무게,
사랑하고 견뎌낸 기억 속에 있다.

나는 묻는다.
나는 누구인가.
그리고 대답한다.
나는 살아온 날들만큼의 값어치다

# 마이너스 3%

늘 모자란 듯
부족하기 그지없는 나

마이너스 3%의 생각 속에
나는 묻는다

무엇을 바라며
무엇을 붙들고
남은 생을 살아가야 하는가

그러나
부족함이 바로 나의 길
그 길 위에서
나는 다시 살아갈 이유를 찾는다

## 만대항 꽃길

태안 땅끝 마을로 가는 길
목백일홍 가로수는
붉은 파도처럼 만개하여
길손의 마음을 환하게 적신다

햇살은 꽃잎 위에 머물다
바다로 흘러가고
바람은 꽃향기를 실어
짭조름한 파도 소리에 섞어 놓는다

멀리 만대항이 눈에 어른거리면
바다는 꽃잎의 색을 닮아
푸른 속살 위에 붉은 노래를 띄운다

꽃과 바다. 길과 사람이
한데 어우러지는 순간
나는 세상 가장 상쾌한 풍경 속에
마음을 내려놓는다

## 무작정 떠난 길

목적지조차 정하지 않은 발걸음
길이 나를 부르고
바람이 나를 이끈다

낯선 풍경은 모두 새로움이 되고
만나는 사람은 모두 인연이 된다
지도에 없는 길 위에서
나는 비로소 자유롭다

돌아봄도, 서두름도 없이
순간이 곧 여행이 되고
여행이 곧 삶이 된다

오늘 이 길 위에서
나는 알게 된다
때로는 목적 없는 떠남이야말로
가장 빛나는 도착임을

## 물빛공원

물장구치며 낚시하던 저수지가
산책코스로 변했다

시원한 바람 가르며 걷는다
고맙다
추억을 품은 이 길

## 물빛공원에서

어린 시절
물장구치고 낚시하던 저수지

세월 흘러
물빛공원으로 바뀌어
둘레길 따라 은빛 바람이 흐른다.

광장에는 분수가 시원하게 무지개를 피우며
다양한 공연으로 문화와 예술이 흐르고

산책하는 발걸음마다
추억은 되살아나고 관계자들의 손길에
감사와 고마움을 전하며
시원한 바람을 가르며 그네를 탄다

# 밤

가을이 성큼 문 앞에 와서
바람결마다 서늘한 기척을 남기고
밤송이는 더 이상 숨기지 못한 듯
입을 벌려 붉은 알을 토해낸다

한껏 여물어 오른 열매 속에
한 해의 햇살과 비, 바람이 고스란히 담겨
붉은 보석처럼 반짝이며
가을 풍요를 노래한다

떨어진 밤송이 곁에 서서
계절은 늘 이렇게
아픔과 기다림 끝에
달콤한 선물을 내어준다는 것을
고맙고 감사 한 일이다

## 사간공 묘소에 오르면

 경기도 광주시 중대동 산15-1, 이른바 텃골에는 조선초기 청백리 제1호로 기록된 사간공 안성 선생의 묘소가 자리하고 있다.
 안성 선생은 태종대에 관찰사로 활동하며 청렴한 삶을 실천했고, 이후 이 지역에 정착해 후손을 길러낸 입향조이시다.

 묘소로 향하는 길은 광양군 종가댁과, 광양군 불천위 제향을 모시는 충양사 사이로 계단으로 약 50미터 정도 오르면 닿는다.
 오르는 계단에는 포은 정몽주 선생과, 방촌 황희 정승이 남긴 찬문을 세운 시비가 눈에 띈다. 이는 당시 선생이 얼마나 높은 평가를 받았는지를 보여주는 중요한 기록물이다.

 묘역은 산등성이에 위치해 앞으로는 마을이 한눈에 내려다보이고 뒤로는 산자락이 병풍처럼 둘러서 있다. 이러한 지형적 배치는 마치 선생이 지금도 마을을 굽어보며 후손을 지켜보는 듯한 인상을 준다.

답사객들은 계단을 오르며 자연스레 시비의 글귀를 읽게 되고, 그 과정에서 선생의 청백한 삶과 절개를 떠 올리게 된다.
 묘역에 이르면 탁 트인 전망과 함께 경건한 분위기가 조성되어 누구든 고개를 숙이게 된다.

 사간공 선생의 묘소는 단순한 후손들의 성역을 넘어, 조선시대 청백리의 표상으로서 오늘날까지도 청렴과 절의를 상기시키는 역사적 공간으로 평가할 수 있다.

## 기다린 계절

가을이 성큼 다가오자
들녘마다 황금빛 물결이 일고
밤송이는 웃음을 터트리듯
입을 벌려 붉은 알을 쏟아 낸다

하늘은 더없이 높고 푸르러
새들의 노래는 멀리까지 울리고
바람은 곡식의 향기를 실어
사람들의 가슴을 들뜨게 한다

풍요는 기다림 끝에 찾아와
모두의 손에 기쁨을 안기고
가을의 들판 위에서
삶은 한껏 익어가며
활기찬 노래를 부른다

## 세월의 흔적 1

손끝에 스미는 햇살과 빗물
지난날들의 기억이 조용히 흐른다

넘어지고 주저앉던 시간 속에도
남겨진 상처와 흔적들은
나를 부드럽게 감싸 안는다

세월의 흔적은
지워지지 않는 그림자이자
가슴속 깊이 스며드는 잔잔한 향기

# 세월의 흔적 2

주름진 손가락 사이로
지난날의 햇살과 비가 스며든다
흐르는 세월 속에서
눈빛에 깃든 슬픔과 기쁨이
조용히 이야기한다

벼랑 같은 시간에 서 있던 나
넘어지고 주저앉고
다시 일어나며 남긴 모든 상처와 흔적
그것이 오늘의 나를 만들었다

세월의 흔적은
지워지지 않는 그림자이자
내 마음 깊이 스며든 향기이다

## 세월의 흔적 3


주름마다 새겨진 강물
눈빛마다 쌓인 바람

내 삶은
흔적이 모여 완성된 한 권의 책이다

## 순암 선생님 묘소길

벚꽃길 따라
순암 선생 묘소를 오르니

꽃잎 사이로 서 있는 시비들
그 글귀 한하나가
가슴에 스며와 길잡이가 된다

숨결처럼 고요한 묘역에 서면
탁 트인 하늘빛이 가슴을 열고
자연스레 고개를 숙여
참배의 예를 올리게 된다

마치 선생의 기개와 학문이
바람결에 아직도 흐르고 있는 듯

## 순암 선생의 묘역을 오르는 길

봄빛이 완연한 날, 순암 안정복 선생의 묘소를 향해 걷는 길은 그 자체가 여행이자 수행 같다.

벚꽃이 흐드러지게 핀 오솔길을 오르다 보면 바람따라 꽃잎이 흩날려 발걸음을 가볍게 한다. 길가에 세워진 선생을 기리는 시비들이 저마다 목소리를 내어 선생의 학덕을 기리니, 나는 그 글귀 앞에서 잠시 멈춰서서 오래된 숨결과 마주한다. 몇 개의 시를 읽고 나면 이미 마음은 묘소에 닿아 있고, 걸음을 옮길수록 가슴이 차츰 열리는 것을 느낀다.

묘역에 이르면 시야는 갑자기 탁 트인다.
하늘은 더 높아 보이고, 바람은 더 맑아진다.
오래 쌓였던 번민과 답답함이 저 멀리 흩날려 가슴이 뻥 뚫린 듯하다. 그곳은 단순한 묘소가 아니라, 선생의 숨결과 정신이 고스란히 머무는 자리다.

묘비 앞에 서면 나도 모르게 고개가 숙여지고, 한없이 맑은 기운과 몸이 마음을 감싼다. 참배의 의식은 말보다 깊고 형식보다 진실하다.

이 길은 한 인물의 삶을 기리기 위한 길이면서 동시에 나 자신을 돌아보게 하는 길이다. 벚꽃의 흔들림 속에서, 시비의 구절 속에서, 그리고 고즈넉한 묘역의 바람 속에서 나는 삶의 무게를 덜어내고, 다시 걸어갈 힘을 얻는다. 그래서 이 길은 단순히 "순암 선생의 묘소로 오르는 길"이 아니라, 스스로를 닦아내고 다시 태어나는 길이 된다.

## 순암 선생의 묘역을 찾아서

 경기도 광주시 중대동 산15-1. 이택재에서 약 400미터 남짓 산길을 오르면 닿을 수 있는 곳에 자리하고 있다. 이 짧은 오름길은 계절마다 다른 풍경으로 맞이하지만, 특히 봄철이면 벚꽃이 터널처럼 흐드러져 걷는 이의 발걸음을 환하게 밝힌다.

 바람이 불 때마다 꽃잎이 흩날려 길 위에 고요한 파도를 이루니, 마치 선생의 청백한 기운이 길손을 이끄는 듯하다.

 길가에 세워진 선생을 기리는 시비들은 찾는 이들을 잠시 멈추게 한다. 새겨진 글귀마다 선생의 학문과 절의를 기리며, 오르는 길을 단순한 산길이 아니라, 사색의 길로 바꿔 놓는다. 몇 개의 시를 읽고 나면 마음은 이미 묘소에 닿아 있고, 발걸음은 묘역 앞에 선다. 묘소는 산등성이에 터를 잡아 앞으로는 광활히 트인 하늘과 마을을 내려다보고 뒤로는 산자락을 의지하고 있다. 탁 트인 시야에 서면 가슴은 환희 열리고, 오래된 번민마저 저 멀리 흩날려 나른한 바람 속으로 사라진다.

묘역에 서면 고요한 기운이 온몸을 감싸며, 선생의 숨결이 아직도 머무는 듯하다. 자연스레 고개가 숙여지고, 무언의 참배가 예를 대신한다.

 이곳을 다녀오는 길은 단순이 한 선현의 묘소를 찾아가는 답사가 아니다. 벚꽃 사이로 오르는 길은 나를 비추는 거울이 되고, 묘소 앞에서 느낀 바람은 삶의 무게를 덜어내는 힘이 된다. 이 짧지만 깊은 여정은 결국 선생을 기리는 발걸음이자 스스로를 닦아내는 발걸음이 된다.

## 순암홀에 바치는 글

광주가 품은 실학의 정신
순암 안정복 선생의 뜻을
한 글자 한 글자 새겨주신 시장님
시청 안에 "순암홀"을 세워 주심에
깊은 감사 올립니다.

길 위에 새긴 글귀처럼
선생의 학문과 삶이
오늘 우리 마음속에서도
바람처럼 흐르게 하셨습니다

순암홀 문턱을 밟을 때마다
그 숨결과 정신이
묵묵히 우리를 이끌고
조용히 길을 보여주시니

# 제2부

# 가을을 가르는 별

### 가을을 가르는 별

밤하늘은 고요한 바다처럼 깊은데
순간, 하얀 빛이 길게 뻗어나간다
별이 떨어진 줄 알고
숨조차 멈춘 내 마음
길게 뻗은 빛줄기는
하늘을 가르고
우주의 끝까지 이어지는 듯 하다

한 줄기 빛이 사라진 자리에도
심장은 아직 떨리고
밤은 별과 나만의 비밀을 간직한 채
조용히 흘러간다

## 떠남의 계절

계절은 옷을 갈아입고
바람은 길을 재촉하는데

내 마음은 이미 여행 가방을 꾸리며
어디든 떠나고 싶어 한다

그러나 발길이 머무를 곳은 없고
이름 없는 갈림길만 바람에 흔들린다

떠남은 결국 길이 아니라
새로운 나를 찾는 일
갈 곳이 없어도
마음은 이미 여행 중이다

## 머무는 길 위에서

계절은 바뀌어도
내 자리는 그대로

떠나고 싶은 마음만
바람에 흔들린다

길은 보이지 않아도
내 안의 적막이 여행이 된다

## 봄꽃 마을

개울가 벚꽃이 흐드러지고
아이들 웃음소리 실려 온다

손에 쥔 새싹 된장국 한 숟가락
봄바람에 마음도 녹는다

마을 골목마다 햇살이 스며들고
작은 꽃망울 속에
새 생명이 꿈틀댄다

## 붉게 물드는 대추

햇살 머금은 가지 끝마다
대추가 붉게 익어간다
연둣빛 여름을 건너
가을의 숨결을 품은 열매
마침내 고운 빛을 띠우니
농원 한 켠이 환히 물든다

햇살이 반짝이며
작은 등불처럼 매달린 대추
그 속엔 땅의 정성과
세월의 기다림이 고스란히 깃들어
보는 이의 마음마저 붉게 물들인다

가을은 이렇게
작고 단단한 열매 하나에
계절의 깊이를 새기고
나는 그 붉은 빛 속에서
삶의 아름다움을 배운다

## 사랑의 마침표

끝이라 말하지 않아도
눈빛은 이미 마지막 문장을 적고 있었다

그러나 마침표는
이별이 아니라
가슴에 남은 울림을 지켜주는 약속

사랑의 마침표는
흐려지지 않는 빛으로 남아
끝내 한 사람의 생을
따뜻하게 밝혀준다

## 살맛은 내 몫이다

평생의 땀과 추억
숫자로 재단되지 않는 집
따뜻한 밥 한 그릇
짧은 안부 한마디 없는

자식들의 원망의 소리
가슴 깊이 스며들지만
남은 세월 마음으로 살리라

기부약정서 서류 한 장
순간의 침묵 속
후련한 웃음이 번진다

돈은 사라져도
살맛은 남는다
그것이 늙은 삶을
빛나게 하는 힘이다

삶의 길


강은 바위를 만나도
굽이굽이 길을 내며 흐르고
나무는 바람을 맞아도
하늘을 향해 푸르름을 지킨다

나의 삶, 또한 그러하다
험한 고개가 앞을 막아도
멈추지 않고 걸어가야 한다
쓰러져도 다시 일어나
흙을 털고 나아가야 한다

길 끝에 무엇이 있든
중요한 건 걸어온 발자취
남겨진 향기다

삶은 오래 머무는 것이 아니라
짧은 순간에도
누군가에게 빛이 되는 것

## 삼길포에서

유람선 바람에 실려
크고 작은 섬들이
푸른 바다 위
하얀 구름처럼 흩어지네

등대에 올라
수평선 끝을 바라보니
햇살은 파도 위에
은빛 비단을 풀어놓고
고깃배들은 점점이
바다의 노래를 부른다

시장 골목엔
수족관마다 은빛 고기들 춤추고
상인들의 목소리는
파도처럼 넘실대며
낯선 이의 발걸음을 붙잡는다

출렁다리 아래
배 위에서 손질된 회

신선하다지만
조금은 머뭇거리다
수족관 속 전어를 만난다

전어무침 한 접시
소주 한 잔
입안 가득 퍼지는 바다의 향
세상에 더는 부러울 것 없어라

삼길포의 하루는
바닷바람에 실려 온 향기
작은 전어 한 접시가
남겨준 잔잔한 행복이었다

## 세월 나그네

세월은 흐르고
나는 그 길 위를 걷는 나그네

끝없이 밀려드는 파도 속에서
발자국 하나, 이름 하나를 건져 올리며
선조의 숨결을 다시 이어간다

쉼 없이 달려온 길
그 끝에서 만난 것은
지침이 아니라 기쁨이었다

세월은 흘러도
나그네의 발걸음은 멈추지 않는다
파도를 헤치며 찾은 빛이
곧 내 삶의 행복이기에

## 순암 선생님 묘소길

벚꽃길 따라
순암 선생 묘소를 오르니

꽃잎 사이로 서 있는 시비들
그 글귀 한하나가
가슴에 스며와 길잡이가 된다

숨결처럼 고요한 묘역에 서면
탁 트인 하늘빛이 가슴을 열고
자연스레 고개를 숙여
참배의 예를 올리게 된다

마치 선생의 기개와 학문이
바람결에 아직도 흐르고 있는 듯

## 詩 속의 나

글자를 모아 마음을 담으면
내 안에서 작은 빛이 켜진다

한 줄 한 줄 詩를 쓰며
나는 조금씩 나를 발견하고
쓸모 있는 사람으로
스스로를 만들어 간다

단어 하나, 문장 하나가
내 삶에 흔적을 남기듯
오늘도 나는
詩 속에서 나를 키운다

## 식탁 위의 행복


밥, 된장 내음 속에서
웃음이 퍼지고
서로의 하루를 묻고 답하는
작은 말들이 모여
식탁 위에 사랑을 피운다

숟가락 부딪히는 소리 사이로
아이들의 장난기
부모의 미소
형제의 농담이 섞여
가족의 마음이 흐른다

말없이 나누는 눈빛조차
따스한 대화가 되고
오늘 하루도
서로의 온기가 채워진다

## 아침에 커피 한잔

조반을 마친 후
작은 컵 속에 담긴
김 오르는 뜨거운 향기

숨을 들이쉬면
오늘의 공기가 부드럽게 스며들고
한 모금 입에 닿으면
마음까지 따스해진다

창 넘어 햇살은 조용히 미소 짓고
나는 커피 한 잔과 함께
새 하루를 맞는다

# 옥수수

여름밤 모깃불 피워놓고
총총히 박힌 별빛을 바라보며
알알이 영근 옥수수를 뜯는다

연기 사이로 퍼지는 고소한 향
웃음도 바람결에 묻어난다

다 먹고 난 빈속은
햇볕에 말려 두었다가
옛이야기 해주시는 할머니
등을 긁어드리면
시원한 여름의 손길이 된다

옥수수는 입 안에서만 달지 않고
세월 속에서도 달콤하다

## 장독대와 연탄불

연탄불 위 주전자 끓고
장독대 흰 서리 덮인다
손 시린 날씨에도
어머니 손길이 따스하게 남아 있다

굴뚝 연기 하늘로 치솟고
마을 골목 고요히 잠들어
겨울밤은 조용히
마음을 덮어준다

창밖 논밭 속에서
사람의 온기와 삶의 흔적이
한 해를 감싸 안는다

# 전어

찬 바다 건너온 바람 속에
기름진 살점이 익어간다

집 나간 며느리도 돌아온다던
그 고소한 향기
숯불 위에서 노래가 되고
식탁 위에 가을이 놓인다

한 점 입에 머금으면
바다는 깊어지고
계절은 더욱 성숙해진다

가을엔 전어
그 맛은 단순한 음식이 아니라
떠나갔던 마음을 돌아오게 하는
그리움의 불빛이다

## 태안 만대항의 길

태안 땅끝으로 향하는 길
백일홍 꽃나무들이
붉은 불꽃처럼 타올라
하늘빛과 어깨를 나란히 한다

꽃잎 사이로 스며든 햇살은
바다의 이마에 황금빛을 얹고
바람은 파도의 심장을 흔들며
계절의 노래를 울린다

멀리 펼쳐진 만대항의 푸른 물결
그 위에 꽃길의 환희가 겹쳐
세상은 한 폭의 장엄한 그림이 된다

바다와 꽃, 바람과 빛이
하나 되어 노래하는 순간을 듣는다
삶 또한 이렇듯
찬란히 피어나는 계절임을 깨닫는다

## 풀잎의 이슬

새벽바람이 잠든 풀잎 위에
고요히 내려앉은 한 방울

누구의 눈물인지
누구의 미소인지 알 수 없으나
그 맑은 빛 속에서
세상은 잠시 숨을 멈춘 듯 고요하다

햇살이 비치면
그 작은 구슬은 무지개를 품고
바람이 스치면
소리 없이 사라지지만

사라진 자리에 남는 건
순간이 지닌 영원의 빛
아름다움은 늘 그렇게
찰나 속에 머무른다

## 황금 들녘

벼 이삭 고개 숙이고
메뚜기 뛰노는 논두렁

가을 햇살 따라 걷다 보면
마음도 함께 익는다

밤바람 속 호박 냄새
장독대 곁에 묻어 있어
한해의 결실을
조용히 감사하게 된다

낙엽 소리 따라 걸음을 멈추면
가을은 은근히 마음을 닦아 준다

# 제3부

# 가루실 어죽

## 가루실 어죽

산자락 끝 길
사람들이 줄 서는 집
번호표를 손에 쥐고도
기다림은 설렘이 된다

뚝배기 김 속에
국수 가락은 먼저 입을 열고
작은 민물새우가
구수한 향을 더한다

한 숟갈, 또 한 숟갈
속이 차오르고
땀방울이 흘러내려도
후련한 미소가 번진다

한 그릇 뚝딱
그 맛은 단순한 한 끼가 아닌
산과 강이 빚어낸
작은 기쁨이었다

## 감사와 사랑

아침 햇살 하나에도
감사의 마음을 담고

바람이 스치는 나뭇잎에도
작은 사랑을 보낸다

흐르는 물결
스치는 사람
심지어 지나가는 구름까지도
내 마음의 선물로 받는다

세상 모든 일과 사물이
나를 가르치고
나를 품어주니
오늘도 나는 감사하며
사랑을 품고 살아간다

# 국가관

나라는
멀리 있는 깃발이 아니라
내 삶이 닿아 있는 땅
내가 숨 쉬는 공기다

국가관은
총칼로 지키던 시대를 지나
오늘의 일상속에서
책임과 사랑으로 살아나는 마음

내가 법을 지키고
이웃을 아끼며
문화의 뿌리를 후손에게 건네는 일

그것이 곧
나라를 바라보는
나의 눈길이 된다

## 귀찮은 손님

핸들 잡은 손끝 사이
작은 파리 한 마리
휘파람처럼 날아든다

잡으려 해도 잡히진 않고
창을 열어도
바깥 세상보다
차 안이 더 재미있다는 듯
그 자리를 지킨다

나는 웃고
파리는 자유롭고
잠깐의 소동 속
조용한 여행은 계속된다

# 길 위의 풍경

낯선 길을 따라 나서면
먼 산은 푸른 물결이 되고
바다는 하늘빛을 빌려
끝없이 반짝인다

유람선이 미끄러지듯 지나가면
섬들은 바람 속에서 고개를 흔들고
등대는 묵묵히 서서
여행자의 마음을 밝혀준다

시장 골목 소란한 웃음도
식당의 따뜻한 국물도
풍경의 한 조각이 되어
길 위에 남는다

여행은 돌아오면 사라지는 게 아니라
마음속에 오래 반짝이는 것
그 기억이 다시 나를 길 위로 이끈다

## 돈과 권력 너머

화려한 도시
네온사인, 광고판
돈과 권력의 그림자 속
서민의 삶이 흔들린다

젊은이들의 외로운 발걸음
이어폰 속 세상
대화 없는 집, 차가운 거리

그러나 희망은 멀리 있지 않다
길모퉁이 친절, 시장의 미소
부모에게 통화하는 젊은이
도덕과 인륜은 살아있다

눈길 속 작은 친절
손길 속 따뜻함
돈과 권력 너머
인간의 가치는 여전히 존재한다

## 들녘에 모기

밭에 서면
흙냄새와 햇살이 손끝을 스치지만
모기들은 쉬지 않는다

등살을 파고드는 작은 날개짓에도
손끝에 흙, 이삭 하나가
마음을 달래준다

괴롭지만,
오늘의 땀과 상처는
내일 풍요의 씨앗이 된다

## 마음과 몸

하고 싶은 일은
머릿속에서 춤추고,
해야 할 일은
계획처럼 줄지어 서 있지만

몸은 느리게
마치 시간과 다른 속도로
따라온다

생각과 몸 사이에서
나는 잠시 춤추고
숨을 고른다

오늘은 마음만 먼저 달리고
내일은 몸이 그 뒤를 따른다

## 마음의 목욕

물에 몸을 담그듯
나는 나를 감싼다

겉의 때가 아닌
가슴속 시기, 질투, 미움을
조용히 풀어내고

사랑으로 젖은 옷을 입듯
부드럽게 마음을 감싼다

물방울 하나하나가
내 안의 무거움을 씻어내고
오늘, 나는 다시 가벼워진다

## 멈추지 않는 길

끝없는 바다
파도는 밀려오고 또 밀려온다
나는 그 속에서
발자국 하나, 이름 하나를 찾는다

내 마음은 달리고 또 달린다
멈출 수 없는 건 두려움이 아니라
뒤돌아 흐려질 선조의 빛 때문이다

길 위에서
파도는 역사를 속삭이고
나는 그 파도를 헤치며
행복이라는 등불을 건져 올린다

## 밭에서 모기와의 전쟁


농사꾼의 땀방울은 곡식이 되지만
모기의 입술도 그 땀을 탐낸다

밭일은 힘들어도 끝내 열매로 보답하지만
모기의 등살은 순간의 고통만 남긴다

모기 때문에 밭에 가기 겁나도
모기 덕분에 농사의 귀함을 더 깊이 깨닫는다

삶은 모기와 같다
괴롭지만 결국 나를 단단하게 만든다

## 밭에서

햇살이 부드럽게 내리쬐는 밭
손을 뻗으면 땅의 냄새와 풀잎의 숨결이 스친다

하지만 물것들은 쉬지 않는다
등살에 한두 방울의 땀이 더해지고
잠깐 숨을 고르는 시간조차 허락하지 않는다

그래도 밭일을 멈출 수 없는 이유는
손끝에 닿는 흙의 촉감
이삭 하나, 열매 하나가 주는 묵묵한 기쁨 때문이다

괴롭지만
오늘의 땀과 상처가 내일의 풍요를 만든다
밭 위에서 느낀 작은 고통조차
삶의 귀한 스승이 된다

## 브레이크 없는 길

끝이 없는 파도처럼
밀려드는 일

나는 멈추지 않는다
브레이크 없는 자동차처럼
달리고 또 달린다

선조의 발자취
그 흔적을 찾는 일은
내 삶의 길이요
지칠수록 더 빛나는 행복이다

## 오늘의 애국

옛날의 애국은
칼과 방패를 들고
나라를 지키는 것이었지만

오늘의 애국은
작은 약속을 지키고
깨끗한 거리를 만드는 일
세금을 성실히 내는 마음이다

애족은
핏줄을 넘어
문화와 전통을 이어
후손에게 길을 남기는 일

총칼의 세대는 갔지만
우리가 지켜야 할 조국은
여전히
우리 삶 속에 살아 있다

## 인생의 환승역

삶은
종착역 없는 열차
어디서 내릴지도 모른 채
달려간다

가끔은 생각한다
인생에도 환승역이 있다면
실수의 길에서 내려
다시 희망의 길로 옮겨 탈 수 있지 않을까

잠시 숨 고르고
또 다른 풍경을 향해 나아가는

그런 환승역이
우리에게도 있기를

## 잘 살아다오

떠나는 그대 뒤에 남은 눈물
멀리 있어도 기억 속 그대
아쉬움에 내 마음 젖어도
밤하늘 별처럼 빛나리라

헤어짐이 슬퍼도
언젠가 웃으며 만날 날 위해
한 걸음, 또 한 걸음
그대 길 위에 행복이 있길

잘 살아다오, 내 마음 담아
가슴속 사랑은 늘 여기 있어
잘 살아다오, 미소 잃지 말고
행복한 날들이 그대와 함께하길

## 종착역 없는 열차

세월은 선로 위에 흐르고
그 길을 달리는 열차

종착역은 없다
끝없이 이어진 궤도 위에서
선조의 흔적을 싣고
그 발자취를 따라 달린다

가끔은 지치고 흔들려도
열차는 멈추지 않는다
빛나는 이름 하나
남겨진 자취 하나가
내 삶의 연료가 되기에

종착역 없는 열차
그 길 위에서 나는 깨닫는다
멈추지 않는 여정이 곧
내가 누리는 행복임을

## 지워 버리고 싶은 기억

마음 한 켠에 남은
까만 그림자들
지우개로 문질러도
자꾸 흔적이 남는다

바람에게 부탁해 날려버리고
물결 위에 띄워 보내고 싶지만
그마저도
가끔 내 안에서 속삭인다

오늘은 조용히 눈을 감고
그 기억 들을 달래며
마음속 빈자리
햇살과 웃음으로 채운다

## 짠한 길 위에서

길은 평탄하다가도
갑자기 끊기곤 한다

부모님의 늙음
낡은 집, 허름한 가구
짠함 속 미소 하나
삶의 가치를 깨닫게 한다

기차 창 밖 풍경
한적한 골목, 들판
노부부의 손 맞잡음
행인의 친절

작고 소소한 순간 속에서
인생의 진정한 힘을 본다
짠함 속에서도
살맛은 여전히 있다

## 파도 속에서


일을 하다 보면
끝없이 밀려드는 파도 같아도
나는 지치지 않는다

파도를 헤치며
또 다른 파도를 만나듯
선조의 발자취 또한
겹겹이 숨어 있기에

그 길을 찾는 일이
내 삶의 기쁨이요
파도 속에서도
빛을 건져 올리는 행복이다

# 제4부

# 가로등에 기대어 1

# 가로등에 기대어 1

낯선 길을 헤매다
발걸음이 멈춘 자리
외로움만 동행하는 어두운 밤길에
가로등 하나 나를 기다리고 있었습니다

그 빛에 기대어
잠시 숨을 고르니
길 위에 흩어진 세월이
그림자처럼 늘어섭니다

스쳐 간 얼굴들
붙잡지 못한 인연들
모두 저 멀리 사라지고
남은 것은 내 걸음뿐

가로등은 말이 없지만
묵묵히 내 곁을 지켜주고
나는 그 불빛에
방랑자의 마음을 얹습니다

내일은 또 어디로 떠날지 몰라도
이 순간만큼은
외로운 길 위의 벗이 되어준
가로등에 기대어 서 있습니다

## 가로등에 기대어 2

고단한 하루의 끝자락
어둠 속에 홀로 서 있는 가로등 하나
나는 그 빛에 기대어
잠시 멈추어 섭니다

흔들리는 마음을 붙잡듯
노란 불빛은 내 어깨를 감싸주고
길 잃은 발걸음도
조용히 쉬어가라 속삭입니다

스쳐 간 사람들의 그림자
사라지는 바람의 숨결 속에
내 외로움은 길게 늘어지면
가로등 불빛은 끝내 꺼지지 않네

오늘도 나는 묻습니다
"이 빛처럼
누군가의 어둠을 밝혀줄 수 있을까"

가로등에 기대어

잠시 눈을 감으면
내 안의 작은 희망이
별빛처럼 반짝입니다

## 겨울 호수가에서

하얗게 언 숨결 위에
호수는 고요히 누워 있습니다
바람마저 발끝을 거두고
얼음 속 깊은 침묵만 번집니다

비추는 달빛조차
차갑게 굳어
호수의 가슴에 얼어붙고
외로운 물결 대신
가만히 번져 갑니다

그러나 얼음 밑, 깊은 곳
보이지 않는 물결은 여전히 흐르고
봄을 기다리며 꿈틀거립니다

겨울 호수는 말합니다
"고요 속에도 삶은 흐른다
잠든 듯 보여도
희망은 얼지 않는다"

## 미안합니다

어린 날의 나를 품어
살뜰히 보살피던 누님

남편 일찍 여의시고
홀로서기 바람 앞에
한 송이 꽃처럼 서 계셨지요

예쁘고 고왔던 얼굴은
세월의 손길에
주름살로 갈라지고,
그 고생의 골이
나이테처럼 새겨졌습니다

이제는 자식들의 품에서
잠시 기대어 쉬실 차례인데
동생 된 나는
무엇 하나 할 수 없어
마음만 타들어 갑니다

누님 미안합니다

내 못다 한 정성
바람결에 실어
당신의 하루에
조금이라도 따스히 닿기를 바랍니다

## 동백꽃 사랑

한겨울 찬 바람 속에서도
붉게 피어난 동백꽃
차가운 세상에도 꺼지지 않는
그 사랑을 닮았습니다

눈보라 속에 떨어져도
끝내 향기 남기며
땅을 붉게 물들이는 꽃잎
그 모습이 곧 당신입니다

뜨겁게 피고
조용히 지는 순간까지
한 송이 동백꽃이 전하는 말
사랑은 화려한 봄날보다
더 깊고, 더 굳세어야 한다는 것

내 마음 또한
그대 곁에서 꺼지지 않으리
동백처럼 붉고 단단한 사랑으로
영원을 약속하리

## 로봇이 서빙하는 식당에서

문을 열고 들어선 식당
환한 불빛 사이
사람 대신 웃음 없는 로봇이
묵묵히 음식을 나른다

메뉴판도 스크린 속에 갇히고
주문도 손끝 하나로 이뤄지니
손님 맞이하던
따뜻한 목소리는 어디에 있나

편리함은 늘어나지만
사람의 일 자리는 줄어들고
삶의 자리는 점점 좁아지는 듯
가슴 한켠이 서늘하다

노동의 종말이라 말하는 세상
기계가 대신 웃어줄 수 있을까?
그리운 건 결국
사람의 손길과 정다움일 터

## 메주

겨울 햇살 아래
대청마루에 줄지어 매달린 메주덩이
갈색 빛 결마다
세월의 손길이 스며 있습니다

콩을 삶고 찧고
정성스레 빚어낸 따스한 손길
그 속에 담긴 건
겨울을 견디는 집안의 희망입니다

짚으로 엮어 묶인 모습은
투박해도 정겹고
구수한 냄새는
벌써부터 장독대의 봄을 꿈꾸게 합니다

메주 덩이는 말이 없지만
세월마다 같은 약속을 지켜왔습니다
시간이 지나야 맛이 깊어지듯
삶도 인내로 익어가는 법이라 전하며

## 밤하늘

고요히 내려앉은 어둠 위에
별빛은 촘촘히 박혀
끝없는 이야기를 들려줍니다

홀로 걷는 길 위에도
밤하늘은 나른 덮어주고
쓸쓸한 가슴마다
은빛 위로를 흘려줍니다

달은 저 멀리서
나의 그림자를 품어 안고
별 하나는 속삭입니다
"외로워도 너는 혼자가 아니라고"

밤하늘은
말없이 모든 눈물을 삼키며
새벽의 희망을 품고 있습니다

## 벌초를 하면서

낫 끝에 스치는 풀잎 소리
억새와 잡풀 사이로
조상의 숨결이 깃든 묘역이 드러난다

허리 굽혀 풀을 베며
땀방울이 이마를 적실 때
나는 묵묵히 지난 세월을
마음속으로 쓸어낸다

한 해 두 번 이 길 위에 서면
돌아가신 이의 은혜와
내 살아가는 날들이 겹쳐
겸손히 고개가 숙여진다

벌초는 풀을 베는 일이 아니라
나를 다듬는 일
풀잎마다 새겨진 그리움이
내 가슴에 초록빛 향기로 남는다

## 보라빛 나팔꽃

선조님 묘소 주위에
보라빛 나팔꽃이 피어났습니다

햇살을 품은 듯
은은히 고개를 든 꽃송이들
풀벌레 소리와 어우러져
묘역을 따스히 감쌉니다

세월의 무게도
벌초의 땀방울도
잠시 잊게 하는 고운 자태

마치 선조님께서
우리를 반겨 주시듯
자손의 발걸음을
꽃향기로 맞아 주십니다

보라빛 나팔꽃 사이로
그리움은 한 송이 꽃이 되어
오늘도 가슴 깊이 피어납니다

# 붉은 노을

서쪽 하늘 물들이는
저 붉은 노을
하루의 끝을 태워 보내며
내 마음마저 불빛으로 물듭니다

떠나는 해는
아쉬움의 미소를 남기고
흩어진 구름은
저마다의 사연을 품은 채 흘러갑니다

붉게 번진 하늘 아래
나는 조용히 서 있습니다
지나온 길을 되돌아보며
남은 하루를 가슴에 묻습니다

노을은 곧 사라지지만
그 붉은 빛은
내 마음의 등불이 되어
내일을 밝혀주리라

## 비어있는 집

문은 닫혀 있고
창은 먼지를 뒤집어쓴 채
오래된 바람만 드나듭니다

한때는 웃음소리로 가득 차
저녁 연기 피어오르던 집
이제는 발자국 하나 남지 않고
적막한 기둥에 기대어 있습니다

빈 방마다
사라진 목소리들이 메아리치고
텅 빈 마루 끝에는
지나간 세월이 고요히 앉아 있습니다

빈집은 슬픔이 아니라
그리움의 또 다른 이름
사람이 떠나도
추억은 아직 그 자리에 머물러
낡은 벽 틈마다 살아 숨 쉽니다

## 선조님을 기리며

고요한 언덕 위
쌍분의 묘 앞에 서면
바람은 낮게 흐르고
솔잎은 조상님의 이름을 부릅니다

손가락 베어
아버님을 살리려던 붉은 효심
묘막에 홀로 앉아
물 한 모금 삼키지 못한 그 나날
그 고행이 오늘 제 가슴을 흔듭니다

임란의 피난길
임금이자 처남을 홀로 지키다
마흔다섯의 짧은 생애를 마치시니
조정은 공신의 이름을 내렸으니
조상님께서는 청렴을 더 높이 여겼습니다

저는 후손으로서 늘 부족합니다
그러나 묘 앞에서 다짐합니다
욕심을 버리고

바르게 살고
결코 부끄럽지 않게 살겠다고

바람이 속삭입니다
"흔들리지 말아라"
그 목소리를 품에 안고
오늘도 저는 조상님의 길을 따라 걷습니다

## 송이 향기

솔밭에 발을 들이니
바람 따라 번지는 향기
은은하고도 깊은 송이버섯 냄새가
가슴을 두드리네

눈을 씻고 찾아 헤메어도
송이는 끝내 모습을 감추고
남은 건 솔향에 스민 그윽한 여운뿐

비를 피해 내려오는 길
발자국마다 향기가 따라와
빈 손은 허전했으나
마음은 채워지는 듯 했네

찾지 못해 아쉬운 마음
그러나 값진 이유를 이제야 알겠구나
숨은 보물이기에 더욱 귀하고
향기만으로도
이미 내 마음은 넉넉히 가득 찼음을

## 신작로

들녘을 가르며
곧게 뻗은 길 하나
사람들의 땀과 길 하나
사람들의 땀과 손길이 모여
신작로라 불립니다

옛날엔 소달구지 덜컹이며
먼지를 일으키던 길
지금은 발자국마다
세월의 흔적이 켜켜이 쌓였습니다

이 길 따라
장터에 오가던 웃음소리
해 질 무렵
고향 집으로 돌아오던 발걸음
모든 바람 속에 스며 있습니다

신작로는 단순한 길이 아니라
마을과 삶을 잇는 줄기
희망을 나르는 통로
추억이 남아있는 무대입니다

## 여명의 눈동자 1

긴 밤의 어둠을 뚫고
새벽이 눈을 뜨는 순간
당신의 눈동자가 나를 비춥니다

별빛보다 고운 그 빛결
희미한 여명 속에서
다시 태어나는 듯합니다

어제의 눈물은
새벽바람에 스러지고
당신의 눈빛은
오늘을 살아갈 힘이 됩니다

여명의 눈동자여
당신이 머무는 곳마다
세상은 꽃처럼 피어나고
내 가슴은 봄처럼 따뜻해집니다

그 눈빛 잃지 않으려
나는 하루를 걷습니다

사랑은 언제나
동트는 새벽과 함께 시작되니까요

# 여명의 눈동자 2

어둠은 깊어도
끝내 사라지지 않는 빛이 있네
동녘 하늘
새벽의 눈동자가 열리며
세상은 다시 깨어난다

차가운 밤을 견디던 나무는
햇살을 품어 숨을 쉬고
고단한 가슴마다
새 희망이 스며든다

여명의 눈동자는
어제의 슬픔을 씻어내고
내일의 길을 밝혀주는 등불

그 눈빛을 따라
나는 오늘도 걸어간다
작은 삶일지라도
새벽처럼 빛나기를 꿈꾸며

## 이택재에서

찾아온 이가 말하네
"여기 서면 마음이 맑아집니다
순암 선생의 기운이 깃든 듯
내가 가장 존경하는 분이십니다"

그 말 앞에 나는
후손으로서 고개 숙이고
부끄러움 속에 다짐한다

선생의 맑은 숨결을 이어
작은 빛 하나라도
흐리지 않으리라

## 이택재의 淸氣

此處에 서면
順菴先生의 氣運이 깃들어
마음이 淸明하여라

後孫된 나는 고개 숙여
그 뜻을 이어
작은 光明이라도 지키리라

## 효성과 청렴의 길 (광양군)안황을 기리며

이택재에서 그리 멀지 않은 곳, 고요히 자리한 쌍분의 묘소는 오늘도 푸른 숲과 맑은 바람을 벗 삼아 참배객을 맞이한다. 원만한 경사에 평탄한 터에 자리잡은 그곳은, 누가 오르더라도 어렵지 않게 다다를 수 있는 길목이다.

그러나 그 묘소에 깃든 삶은 결코 평탄하지 않았다. 그것은 몸과 마음을 다해 효를 다하고, 나라를 위해 청렴의 뜻을 굳게 세운 한 인물, 안 황의 삶이다.

병환에 시달리는 아버지를 위해 손가락을 베어 피를 드리는 지극한 효를 실천하였다. 장례를 모시기 전까지는 물 한 모금도 마시지 않고 묘막에 기거하며 마지막 가시는 길을 지켜냈다.

오늘날로서는 상상하기조차 어려운 고행이지만, 그것은 단순한 의무가 아닌 인간이 지닌 최상의 도리, 자식의 본분을 몸으로 증명한 행위였다.

임진왜란의 혼란 속, 그는 매부로서 임금인 처남 선조를 호송하는 길에 홀로 앞장섰다. 전란의 두려움 속에서도 친족이요 군주의 안위를 지키는 일은 기꺼이 그의 몫이었다.

그러나 무거운 짐은 끝내 그의 생명을 갉아먹었고 마흔다섯의 나이로 짧지만 굳센 생을 마감하고 만다. 조정은 그 충성과 희생을 기려 호성공신 2등의 공훈을 내렸다. 하지만 정작 그는 권세와 벼슬에 연연하지 않았다.

청렴과 절개의 정신을 한결같이 지켰고, 그것이 곧 후손과 세상에 남긴 가장 값진 유산이 된다.

묘소를 찾는 이들은 누구나 그 발걸음 속에서 편안함을 느낀다.

그러나 그 편안함은 결코 무심히 얻어진 것이 아니다.

그것은 한 인간의 고귀한 희생과 절제, 그리고 시대를 넘어 울림을 주는 청렴의 삶이 만든 평온이다.

오늘 우리가 그분의 묘소 앞에 서는 이유는 단지 후손으로서의 의무가 아니다.

그것은 물질과 권력이 지배하는 시대에도 변치 않는 가르침을 배우기 위함이다.

효는 피 흘림 속에서도 빛나고, 청렴은 벼슬을 거부하면서도 더욱 높아진다.

광양군(안황)의 삶이 그러했듯 말이다.

그분의 묘소 앞에 서면, 우리 또한 마음을 다잡는다. "어떻게 살아야 하는가?"라는 물음에, 그분의 생애는 맑은 대답을 들려준다.
 효성과 청렴, 그것은 오래도록 빛나며 오늘도 바람결에 묘소를 감싸고 있다.

# 제5부

# 5일 장터

## 5일 장터

오랜만에 돌아온 장날
길모퉁이마다 사람 냄새가 피어난다

손때묻은 저울 위에
호박 몇 근, 고등어 한 손
값을 깎으며 웃음 섞인 말이 오간다

천막 아래 쪼그려 앉은 할머니는
손수 딴 참깨를 내놓고
엿장수의 쇠 가위 소리
젊은 장정들은 새참 삼아
뜨끈한 잔치국수를 후루룩 삼킨다

옷감, 그릇, 장작, 농기구
세월에 닳은 물건들이
오늘 하루만은 새 생명을 얻는다

돈이 오가고 정이 오가고
낯선 이도 금새 벗이 되는 자리
장터는 늘 그렇게 살아 움직인다

사라지는 듯 또 돌아오고
다섯 날의 약속
그 속에서
우리 삶은 아직도 따뜻하다

## 가로수는 말이 없다

길가에 늘어서선
수많은 가로수 들
아침이면 이슬을 품고
저녁이면 노을을 안습니다

비바람이 몰아쳐도
햇볕이 내려앉아도
그들은 묵묵히 서 있을 뿐
한마디 말도 하지 않습니다

사람들은 그늘에 쉬고
차들은 그 사이를 스쳐가지만
가로수는 누구의 이름도 부르지 않고
그저 길을 지켜줍니다

세월이 흘러
잎이 지고 가지가 부러져도
다시 새순을 틔우며 말없이 가르칩니다

"참아라, 견뎌라 그리고 서 있어라"

가로수는 말이 없지만
그 침묵 속에서
우리는 살아가는 지혜를 배웁니다

# 가을 향

바람에 스며드는
낙엽의 향기
차분히 익어가는 들판과 산천이
가슴 깊이 스며듭니다

햇살은 부드럽게
황금빛으로 물든 나뭇잎을 쓰다듬고
멀리서 은은히 풍겨오는 흙 내음은
지난 여름의 기억을 살짝 흔듭니다

가을 향은
눈에 보이지 않아도
마음으로 느낄 수 있는 시간
잠시 걸음을 멈추고
숨을 들이마시면
온 세상이 고요히 웃는 듯합니다

낙엽 한 장에 담긴 이야기
바람 한 줄기에 실린 그리움
모두 가을 향 속에 스며
내 마음을 부드럽게 감쌉니다

## 감춰진 사랑

마음 한 켠
말없이 남겨둔 작은 불빛
바람 속에서도
살며시 숨죽인 사랑이 있습니다

눈길이 스쳐도
가슴은 들키지 않게 떨리고
웃음 속에 감춘 마음은
그대에게 닿지 못한 채 머뭅니다

때로는 바람에 흔들리고
때로는 비에 젖어도
그 사랑은 여전히
조용히 빛나고 있습니다

말하지 못한 편지처럼
닿지 못한 손길처럼
숨겨둔 사람은
그리움으로만 더 깊어집니다

그래도 나는 믿습니다
언젠가 이 마음이
조용히, 그러나 확실히
그대 곁에 닿으리라는 것을

## 겨울 곶감


살 속에 스며드는
찬 바람이 매섭던 날
처마 밑에
주렁주렁 매달린 붉은 달들

햇살과 바람에
천천히 말라가며
그 속에 단맛을 품은
곶감 하나
보기만 해도 침샘은 열리고

겨울이면
제일 먼저 떠오르는 건
눈송이도, 바람 소리도 아닌
입안 가득 번지던
그 달콤한 기억이다

## 내 마음의 쉼표

바쁜 하루 속
쉼 없이 달려온 마음 한 켠에
작은 쉼표 하나를 놓습니다

잠시 숨을 고르고
스쳐간 바람을 느끼며
내 안의 소리 없는 이야기들을
고요히 들여다봅니다

쉼표는 멈춤이 아니라
다시 시작할 힘을 주는 여유
작은 여백 속에서
나는 세월을 기다립니다

## 담배 연기의 사랑

연기처럼 스며드는 사랑
손끝에서 흘러나와
공기 속에 남겨진 채
조용히 번집니다

마주 앉은 그 순간
짧게 피어오른 연기처럼
뜨겁고 달콤했지만
곧 사라져 버린 시간

담배 연기 속에 남은 진 향처럼
우리의 사랑도
눈에 보이지 않아도
가슴 한 켠을 스치며
아련하게 남습니다

## 라일락 향기

봄바람이 스치는 길목에서
라일락 향기가 가만히 다가옵니다
보랏빛 꽃잎 사이로 스며드는
그윽한 기억과 설렘

어린 시절 창가에 피던 라일락
그 향기는 말없이 마음을 두드리고
스쳐간 사랑과 웃음
그리고 아직 남은 그리움까지 불러옵니다

한 모금 숨결마다
봄날의 온기가 담겨
잠시 눈을 감으면
세상은 다시 부드러운 빛으로 물듭니다

라일락 향기 속에서
나는 오늘도
사랑과 추억을 조용히 품습니다

# 미련

떠난 사람의 그림자가
밤하늘에 스며드는 순간
가슴 한켠 남은 미련이
조용히 흔들립니다

말하지 못한 사랑
놓아주지 못한 마음
시간이 흘러도
잊혀 지지 않고 남아
내 안에서 부서집니다

바람이 지나갈 때마다
속삭이는 이름
햇볕에 스며든 기억
모두 미련의 얼굴입니다

하지만 미련이란
슬픔만은 아니어서
과거의 나를 붙잡고
오늘을 다시 걷게 하는
작은 힘이 됩니다

## 살다 보면

살다 보면
햇살 같은 날도 있고
먹구름 몰아치는 날도 있습니다

웃음꽃 피우던 자리에도
언젠가는 눈물이 스며들고
넘어져 쓰라린 상처에도
다시 새살이 돋아납니다

살다 보면
길을 잃을 때도 있고
뜻밖의 길을 만날 때도 있습니다

사람의 정에 기대어 울기도 하고
작은 손길 하나에
세상을 다시 믿게 되기도 합니다

살다 보면 깨닫습니다
행복은 멀리 있는 게 아니라
잠시 스쳐 간 바람 속

소박한 오늘 속에 숨어 있다는 것을

그래서
다시 일어나 걸어갑니다
살다 보면
또 다른 내일이 오니까요

## 시월의 산야

갈대는 바람에 흔들리고
산봉우리는 붉은 단풍으로 물듭니다
시월의 햇살은 부드럽게 내려
지난 계절의 기억을 스며들게 합니다

발걸음을 옮길 때마다
바스락거리는 낙엽 소리 속에
어린 시절 친구와 웃던 날
첫사랑의 설렘이 조용히 스며듭니다

멀리서 산새가 울고
차가운 공기가 살짝 스칠 때
가슴 깊이 묻어둔 그리움이
가을 향기와 함께 피어납니다

시월의 산야는 말이 없지만
지난 시간을 불러내고
사라진 사람들의 웃음과 사랑을
조용히 안아주는 듯합니다

# 옹달샘

산골짝 작은 바위틈에서
조용히 물이 솟아 오른다
맑고 투명한 소리로
세상을 깨우듯 흐르네

아이들이 뛰어놀던 기억
걷다 지친 나그네의 손길
그 모든 순간을
옹달샘은 그대로 담아둔다

마실 때마다 스며드는 청량함
하루의 피로를 씻어주는 은밀한 위로
옹달샘은 말없이
삶의 작은 기적을 속삭인다

그 곁에 서면
마음도 덩달아 맑아지고
조용히 웃음 짓는
자연의 숨결을 느낀다

## 원망스런 나

팔십을 넘긴 나날
문패 하나 걸어보지 못한 채
세월은 등 뒤로 흘러가고
내 마음만 거꾸로 남아
한숨처럼 무겁게 드리운다

내 손은 늘 빈손이고
내 발은 이미 지나간 길 위를 맴돌지만
속삭이는 마음속 한 조각
"왜 이렇게 살아왔나"
스스로 를 원망하며
그림자와 함께 걷는다

그러나 어느 새벽
창문 틈 사이로 스며드는 햇살에
나는 깨닫는다
살이 있음만으로도
조금은 용서를 받을 자격이 있음을

## 이별의 흔적

방 안 가득 남아있는
그대의 흔적
창가에 놓인 작은 컵
커튼 사이로 스며드는 햇살마저
조용히 그리움을 불러옵니다

말없이 떠난 시간
닿지 못한 손길
남겨진 마음은
바람에 흩어진 낙엽처럼
나를 스치며 지나갑니다

가끔은 웃음으로 포장해도
가슴 깊이 남은 슬픔은
지워지지 않는 그림자
이별의 흔적은 그렇게
내 안에 오래도록 머뭅니다

## 인생의 후반전

낮게 깔린 햇살 속
이미 지나온 시간들을 되돌아봅니다
실수와 아픔, 웃음과 사랑
모두 내 안에 쌓인 자취입니다

이제 후반전
남은 날들은 더 조심스럽게
그러나 더 자유롭게
내 마음의 길을 걷습니다

속도를 늦추고
가끔은 쉬어가며
가장 소중한 것들을 붙잡고
무심히 흘러간 것들을 놓아줍니다

인생의 후반전은
끝이 아니라
새로운 시작
조용하지만 깊은
나만의 경기입니다

## 장미와 입맞춤 1

붉은 장미 위에
조심스레 남긴 입맞춤
가시에도 아랑곳없이
사랑이 피어납니다

한 순간의 숨결 속에
우리 마음이 스며들고
장미 향기처럼
뜨겁고 달콤하게 남습니다

## 장미와 입맞춤 2

붉은 장미가 피어 있는 창가
당신의 손끝이 스치는 순간
세상은 향기로 가득 차고
내 마음은 설렘으로 떨립니다

가느다란 꽃잎 위에
조심스레 입맞춤을 남기듯
우리의 마음도
서서히 서로에게 스며듭니다

가시가 있어도 두렵지 않은
뜨겁고 달콤한 순간
장미 향기와 입맞춤 속에
사랑은 조용히, 그러나 깊게 자라납니다

오늘도 나는 기억합니다
붉은 장미 한 송이와
그대의 입맞춤이
내 마음속에 영원히 피었던 날을

## 졸음

고속도로는
검은 리본처럼 풀려나가고

눈꺼풀은 납덩이처럼
서서히 가라앉는다

바람을 들여도
담배 연기를 삼켜도
사탕의 단맛을 씹어도
졸음은
안개처럼 달라붙어 떨어지지 않는다

저 멀리 휴게소 불빛은
신기루처럼 흔들리고
나는
끝없는 길 위에서
서서히 삼켜져 간다

## 창가의 추억

햇살이 부드럽게 스며드는 창가
바람이 불어오는 작은 틈 사이로
지난날의 웃음소리가 흘러옵니다

어릴 적 창가에 앉아
책을 읽던 시간
따스한 햇살 아래
손끝에 남던 기억들

지나간 계절 속
꽃 피고 지던 소리
첫사랑의 설렘
친구와 나눈 비밀스런 웃음까지
모두 창가에 남아 있습니다

오늘도 나는
창가에 앉아 눈을 감습니다
흐르는 바람 속에서
추억이 조용히 살아나
가슴 속에 꽃처럼 피어납니다

# 황혼

하늘이 붉게 물드는 시간
태양은 천천히 잠자리에 들고
세상은 조용히 숨을 고릅니다

길게 늘어진 그림자 속에
오늘의 웃음과 눈물이
묻어 있는 듯
가슴 한켠이 따스하면서도 쓸쓸합니다

황혼은
끝이 아니라
하루의 기억을 품은
부드러운 여운
그리고 내일을 기다리는 숨결입니다

조용히 눈을 감으면
지나간 시간과
앞으로 올 시간 사이에서
나도 잠시 쉬어갑니다

## 제6부

## 검정 고무신

## 검정 고무신

비 오는 날에도,
먼지 날리는 길 위에도
가볍게 내 발걸음을 지켜줍니다

금연 구역에서의 용서와
시간과 추억은
언제나 내 마음속에서
소리 없이 웃습니다

검정 고무신 한 켤레로
나는 세상을 달리고
첫 친구, 첫사랑
첫 꿈과 마주했던
그 시절로 돌아갑니다

## 그대의 밝은 미소

어둡고 긴 하루 속에서도
그대의 미소 하나면
마음의 구름 걷히고
세상은 밝게 빛납니다

말없이 건넨 웃음 속에
숨겨진 따스함
조용히 퍼지는 빛은
나를 살아가게 하는 힘입니다

그대의 미소는
꽃보다 고운 빛
바람보다 부드러운 위로
내 마음을 감싸 안습니다

# 나들이

햇살이 부드럽게 내려앉은 길
바람에 흔들리는 풀잎 사이로
아이들의 웃음소리가 퍼집니다

꽃향기 따라 걷다 보면
작은 마음에도
봄날의 설렘이 스며들고
하늘은 더 높고
마음은 더 가볍습니다

나무 그늘 아래 앉아
잠시 숨을 고르고
멀리서 들려오는 새소리 속에
오늘 하루의 행복을 느낍니다

## 낙엽을 밟으며

길을 걷다 보면
발끝에서 바스락거리는 낙엽 소리
지난 계절의 기억과
스쳐 간 일들이 흘러옵니다

낙엽을 밟으며 걷는 길은
추억과 그리움
나를 만나는 시간입니다

바람에 날린 낙엽 하나
조용히 흔들리는 마음 한 조각

이 길 위에서 나는
조용히 웃고
조용히 생각합니다

## 낙엽의 편지

나무에서 떨어진 낙엽 하나
바람을 타고 길 위를 떠돈다
붉고 노란, 빛깔 속에
지난날의 추억이 담겨 있다

가을은 말없이
우리에게 속삭인다
"흘러간 시간도 아름답다
그대로 받아드리렴"

# 남은 길

지친 발걸음에도
길은 이어져 있고
돌아보면 지나온 길 위에
작은 꽃들이 피어 있었다

누군가의 손을 잡지 못하고
놓친 순간들이 후회로 남아도
한 걸음씩 걸어가는 지금이
가장 진실한 나의 길이다

오늘의 바람이 스며드는 자리에서
잠시 숨을 고르며
남은 길을 향해
조용히 걸어본다

## 내 마음의 색깔

오늘 내 마음은
잔잔한 하늘빛
조용히 퍼지는 구름처럼
편안하고 맑습니다

어제의 마음은
짙은 회색
비바람 속에서 흔들리고
조금은 외로웠습니다

그리고 사랑할 때면
붉은 장미빛
뜨겁게, 그러나 부드럽게
내 안에 스며듭니다

내 마음의 색깔은
하루하루가 달라지지만
모든 색이 모여
나라는 풍경을 완성합니다

## 내 속에 자리한 겨울

창밖 바람이 차갑게 흔들릴 때
내 마음 한 켠에도
조용히 겨울이 들어와 자리를 잡네요

희미한 기억과
말하지 못한 그리움
텅 빈 가슴속
서늘하게 스며드는 고요함

햇살은 멀리서 비치지만
내 안의 겨울은 녹지 않고
조용히 숨 쉬며
나를 잠시 멈추게 합니다

그래도 나는 알지요
싸늘한 겨울 일지라도
새싹은 언젠가 돋아나듯
내 마음에도 봄은 올 것임을

## 마음의 등불

어둠 속에서도
나는 불을 켠다
젊은 날 놓쳤던 빛들
지나친 고집과 미움의 그림자
모두 등불 아래 놓아두고

조용히 타오르는 작은 빛이
내 마음을 비추고
세상을 향한 손길을
다시 내밀게 한다

불완전함을 인정하는 순간
나는 더 자유롭고
더 따뜻해진다

## 바람의 노래

푸른 하늘 아래
강물은 반짝이며 흐르고
나뭇잎 사이로 스치는 바람은
뜨거운 햇살을 식혀준다

여름의 노래는
나를 깨우고
내 마음도 흔들며
자유로운 숨결을 가르친다

# 빈 의자

빈 의자를 바라보며
흩어진 사람들의 얼굴을 떠올린다
다시 만날 수 없는 순간이지만
그리움이 마음을 채운다

빈 의자에 앉아
조용히 숨을 고르고
마음을 정리하는 일
그것이 나의 작은 의식이 된다

## 사랑의 손길

골목길에 들어선 청소차
묵묵히 쓰레기를 걷어내는 발걸음
누구도 크게 주목하지 않지만
그 노고 위에 하루의 맑음이 세워집니다

그 곁에 다가온 따뜻한 손길
시원하고 달달한 음료 한 잔이
하루의 무게를 가볍게 덜어 주네

작은 나눔 속에 커지는 미소가 있고
그 미소가 우리 삶을 밝혀
그 속엔 감사와 위로가 함께 스며듭니다

작은 정성이
피곤한 어깨를 잠시 내려놓게 하고
무심한 세상의 바람 속에서도
사람과 사람을 이어주는 다리가 됩니다

험란한 세상이라 말해도
이렇듯 작은 사랑이 흐르는

손길들이 모여
살맛 나는 세상을 만들어 간다는 것을

## 새싹의 속삭임

땅속에서 조용히
숨죽인 새싹이 올라온다
찬 바람에도 꿋꿋이
햇살을 향해 몸을 뻗는다

지난겨울의 긴 밤 을지나
작은 생명이 속삭인다
"다시 시작할 수 있어
희망은 언제나 곁에 있어"

## 세월의 거울

팔십 평생을 달려오며
길 위에 남은 발자국을 되짚어 본다
기쁨과 슬픔, 사랑과 미움이
겹겹이 쌓인 시간의 무늬

나는 누구였는가
무엇을 남겼는가
바람에 흔들리는 나뭇잎처럼
조용히 흔들려 본다

때로는 미처 보지 못한 얼굴들
놓친 말들과 기회들이
마음 한 켠에서 속삭이지만
그 모두가 오늘의 나를 만들었다

지금의 나는
완전하지 않아도
부끄러워하지 않아도 좋다
조용히 웃으며
오늘 하루를 또 살아가면 된다

쌀독 긁는 소리


아침 햇살 스며드는 부엌
쌀독을 긁는 소리
텅 빈 마음에도
조용히 울림이 번집니다

부드러운 금속 빗질에
하얀 쌀알 하나씩 튀고
어머니 손끝의 기억과
세월의 온기가 함께 스며듭니다

소리 속에는
밥 짓는 하루의 시작
가족의 웃음
그리고 작은 소망이 깃들어 있습니다

쌀독 긁는 소리
단순하지만
주머니 사정을 계산하는
삶의 리듬이 되고
마음 한 켠에 따스함을 남깁니다

# 어시장

새벽안개 속
바닷바람이 섞인 냄새와
갓 잡은 생선들의 빛이
시장을 가득 채웁니다

아지랑이처럼 오가는 상인들
손놀림 빠른 노점마다
삶의 분주함과 이야기들이
하나씩 쌓입니다

칼로 치는 소리
물 튀는 소리
낯익은 목소리 사이로
하루가 시작됩니다

어시장은 단순한 공간이 아니라
바다와 사람
노력과 희망이 만나는
살아있는 풍경입니다

## 오늘의 나

오늘의 나는
어제의 나를 용서하고
내일의 나를 기다린다

실수와 미련이
한때 내 어깨를 짓누르더라도
그 모든 기억이
나를 더 깊게 만들었음을 안다

바람에 흔들리는 풀잎처럼
오늘의 나를 가볍게 하고
작은 웃음을 품는다

## 조용한 발걸음

조용히 내딛는 발걸음이
세상의 소음을 잠재운다

작은 나의 발자국이
남긴 흔적이
누군가에게는 길이 되고
나에게는 쉼표가 된다

## 한숨과 미소

한숨 속에서도
미소를 잃지 않으려 애쓴다

삶은 때때로
무거운 돌을 올려놓지만
그 무게가 나를 무너뜨리지 않도록
나는 마음속 작은 힘을 찾는다

## 흐르는 강물처럼

시간은 강물처럼 흐른다
막을 수 없고, 되돌릴 수도 없으나
물결 위에서 나는 배를 띄운다

과거의 후회와
미래의 걱정 속에서도
오늘을 살아가는 나를
강물은 부드럽게 감싸준다

# 제7부

## 고마움의 마음

## 고마움의 마음

농협 문을 열면
따스히 맞이하는 미소가 있습니다
고객이라 함에도
먼 길 찾아온 가족처럼 챙겨주시니
송구함이 먼저 앞섭니다

조합원의 삶을 살피는 마음은
가까운 인척보다 깊어
작은 손길마다 큰 울림이 되어
마음을 적십니다

그 헌신과 친절이 있어
오늘의 농협은 든든한 쉼터요
내일의 삶은 더 밝게 열립니다

조합원으로서
감사의 마음을 담아 올립니다

## 눈길의 고요

하얀 눈이 세상을 덮고
발자국 하나 남기지 않은 길
고요 속에서 마음도 잠시 쉬어간다

차가운 공기 속에서도
따뜻한 기억이 빛나고
잠시 멈춘 숨결 사이로
새해의 희망이 고개를 든다

## 마음의 청소

내 마음속 깊은 곳
어둡고 탁한 욕심 주머니가 있고
미움과 시기, 질투의 먼지가
구석구석 가득 쌓여 있네

헐뜯는 말의 가시가
스스로를 찌르며 피를 내고
남을 탓하는 그림자가
나를 더 어둡게 가두네

이제는 빗자루를 들고
창문을 활짝 열어
쌓인 먼지를 털어내고
탁한 공기를 바람에 실어 보내리

텅 빈 자리에
따뜻한 햇살을 들이고
감사와 이해 용서를 심어
새싹처럼 푸른 마음을 키우리라

청소는 끝나지 않으리
오늘도 내일도 이어져야 할 길
그러나 작은 한 걸음이
내 안의 빛을 다시 살려 내리라


※ 이 시는 나의 마음을 솔직히 돌아보며 쓴 고백입니다.

## 복원된 원주 관아

원주 관아의 대문을 들어서니
객사가 위엄있게 마주 서 있고
사신을 맞이하던 그 자리가
지금도 기품을 잃지 않았다

동헌 마루에 발을 올리니
백성의 억울함을 듣고
고을의 살림을 돌보던 관찰사의 그림자가
바람 사이로 스쳐 간다

뒤편 내아의 조용한 뜰에는
연못 중앙에 정자가 있으며
사계절 꽃나무가 어우러져
공무와 일상의 숨결이
함께 어울려 있었음을 전해준다

獄舍의 건물을 보니
그 시절의 숨결이 살아 있어
사간공 안성께서 지니셨던
무거운 직분의 의미가
후손의 가슴에 또렷이 새겨진다

## 불꽃보다 뜨거운 마음

메마른 들판에
갈라진 땅이 신음을 토할 때,
누군가는 눈부신 물줄기를 찾아
밤낮없이 달려간다

붉은 차체 위에 실린
희망의 물 한 모금
그 무게는 곧 생명의 무게라서
어깨와 마음을 함께 적십니다

불길 속에서도
땀과 물방울을 아끼지 않는 그대
우리의 안전을 위해
오늘도 가장 가까운 곳에서
가장 뜨겁게, 가장 간결히
흐르는 강물이 되어줍니다

그 수고로움이 있어
우리는 안도의 숨을 쉬고
그 헌신이 있어
세상은 다시 푸른빛을 되찾습니다

## 비문을 찾아서

순암 안정복 선생의 자취를 쫓아
전국 산천을 두루 다니니
비문이 새겨진 자리는
세월 속에 감춰져 쉽게 드러나지 않는다

어려운 길, 발길이 자주 헛들지만
돌에 새겨진 글자를 마주할 때면
마치 선생의 목소리가
돌결 사이에서 살아나는 듯하다

때로는 제자의 후손들을 만나
낯선 인연 속에 따뜻한 인사를 나눈다
그 또한 이어온 학맥의 숨결이요
흩어지지 않은 정신의 줄기다

쉽지 않은 여정이지만
한 자, 한 획, 그 뜻을 더듬을수록
내 마음 깊은 곳에서
선조와 나, 그리고 후손이
하나의 길 위에 서 있음을 느낀다

새싹이 돋는 방


내 마음속 깊은 곳에는
미움이 켜켜이 쌓여
숨조차 막히고
시기와 질투가
그늘처럼 드리워 있네

남을 헐뜯는 말은
돌아와 나를 찌르고
작은 시샘 하나가
온 마음을 탁하게 물들인다

이대로는 안 되리
나는 빗자루를 들고
먼지를 털 듯
마음을 청소하고 싶다
환한 바람을 불러
창문을 열고
감사와 용서를 심어

내 마음이

더 맑아지고 따뜻해져
다시 누군가를
품어 안을 수 있기를


※ 이 시는 나의 마음을 솔직히 돌아보며 쓴 고백입니다.

## 선조님의 숨결을 찾아

낯선 길을 걸어 들어서면
풀빛에 묻힌 옛 돌기둥 하나
사라진 관아의 터가
세월의 바람 속에 숨 쉬고 있네

찾아 헤매는 길은 험해도
한 모퉁이 흔적을 만나면
가슴 깊이 울려오는 기쁨
마치 선조님의 발자취에 손을 얹은 듯

허물어진 담장 너머
들꽃 향기와 함께
전해오는 숨결
그 옛날 곧은 뜻이 지금도 살아
내 발걸음을 인도하네

오늘도 나는 묻는다
"선조님, 이 길이 옳습니까"
그러면 들려오는 바람의 대답
"그대가 찾는 그 마음이 곧 나의 삶이었다"

## 순암 선생의 자취를 찾아서

산골 마을 좁은 길을 따라 들어서면
잡초 사이로 옛 비석이 서 있기도 하고
어느 곳은 흔적조차 희미하여
몇 번을 되물어야 자취를 짐작할 수 있다

쉽게 찾기 어려운 만큼
비문 앞에 다다르면 가슴이 먼저 뜨거워진다
돌에 새겨진 글자가
세월을 넘어 내 눈앞에 살아 움직이는 듯하다

때로는 뜻밖에
제자들의 후손을 만나기도 한다
차 한 잔 건네며 들려주는 이야기 속에서
선생을 향한 존경과 인연이
이어져 있음을 느낀다

비문을 찾아 걷는 이 길은
때론 고단하지만
그 속에서 나는
순암 선생의 숨결을 만나고

후손으로서의 발걸음을
한층 더 굳게 다져간다

## 원주 관아에서

옛 모습 그대로인 원주 관아
돌아서는 순간
세월의 장막이 걷히고
조선의 시간이 눈앞에 펼쳐진다

사간공 안성께서
관찰사로 근무하시던 그 자리
돌계단과 기와지붕, 툇마루마다
선조의 숨결이 고스란히 배어있다

당시의 위엄과 책임이
관아의 기둥마다 서려 있어
후손인 나의 마음도
절로 숙연해진다

돌아보는 걸음마다
역사는 단순한 기록이 아님을
살아 숨 쉬는 정신임을
나는 이곳에서 다시 느낀다

## 지나간 날들

지나간 날들은
마치 오래된 사진첩처럼
빛바랜 채 남아있다

어떤 날은 웃고,
어떤 날은 울며
세월의 빛을 머금었다

그 모든 날이
오늘의 나를 만들었음을
조용히 받아 들인다

## 청백리의 후손으로

선조님들의 청백한 삶
역사는 그것을 자랑이라 부르지만
후손의 삶은 언제나 넉넉하지 못했다

가난한 살림에 짓눌려
하고 싶은 공부조차 접어야 했고
박사학위의 꿈도
손에 닿지 못한 채 멀어졌다

그래서 때로는
원망 어린 불평이 새어 나온다
"왜 그토록 맑고 곧게만 사셨는지
조금은 우리를 위해 남기지 않으셨는지"

그러나 문득 생각하면
그 곧은 길은
부귀보다 값진 유산이었음을 알게 된다
세상의 바람 속에서도
흔들리지 않는 뿌리를 물려주셨으니

비록 생활은 고단해도
그 정신만은 이어가야 함을
나는 후손으로서 오늘도
다시 마음속에 새겨 본다

푸념과 한숨 사이에서
오늘도 나는 묵묵히 걷는다
청백리의 후손이라는 이름으로
부끄럽지 않게

## 하회마을과 텃골의 숨결

하회마을 산과 들 사이
사간공 안성의 발자취
손 잡고 걸어간 옛 길
칩십 고개를 넘어 하늘로 가신 날

세종의 뜻 따라 텃골로 운구되고
손자, 후손들이 글로 세상을 밝히고
세월은 흘러도 흔적은 남아
손길 닿지 않는 곳, 뿌리 잃은 마음

산길 헤매며 깨어진 비문을 찾아
조각마다 기억을 모아
텃골의 흙에 올려놓으니
사간공의 숨결 다시 제자리로 돌아와

하회에 남은 손자와 후손의 묘
세기를 찾아, 벌초하며 새긴 마음
흘러간 세월 위에 남은 사랑과 정성
조상의 뿌리 찾는 길, 끝없는 헌사

| 넋두리 안용환 제2시집 |

2025년 09월 30일 인쇄
2025년 09월 30일 발행

지은이 안용환
펴낸곳 동 천

등록번호 제 2011-000079

값 12,000원

ISBN 979-11-994798-2-1

* 잘못된 책은 바꾸어 드립니다.